DAS MARMELADEN KOCHBUCH

MIT DEN LECKERSTEN KONFITÜREN, GELEES UND CURDS

INHALT

Aprikosen-Konfitüre

Holunder apfel Gelee

MARMELADE, KONFITÜRE

ODER ETWAS GANZ ANDERES?

Wenn unsere Mütter, Omas und Tanten früher Früchte als Brotaufstrich verarbeitet haben, dann war das Ergebnis eine Marmelade. Wir beide waren als Kinder ganz verrückt danach und das sind wir auch heute noch!

Die Konfitürenverordnung hat uns schon damals recht wenig interessiert … Daher heißt unser Buch auch „Das Marmeladen Kochbuch".

Das Kochen und Backen wurde uns quasi in die Wiege gelegt und ist ganz tief in der Familie verwurzelt. Deshalb findet ihr hier auch einige Familienrezepte, die immer wie ein Augapfel gehütet wurden. Diese Rezepte haben wir uns dann mit der einen oder anderen spannenden Zutat zu eigen gemacht. Die Neigung, auch mal ungewöhnliche Kombinationen zu probieren, hat Sascha wohl von seinem Vater. Der scheut auch keine noch so merkwürdig anmutende Paarung, wenn es ums Kochen geht.

Mit Leidenschaft haben wir recht früh gemeinsam angefangen, dieser Passion in unserer Küche nachzukommen. Und weil unsere Freunde, die uns seit jeher „Die Jungs" nennen, immer wieder nach unseren Rezepten fragten, um sie selber zu Hause nachzukochen oder nachzubacken, haben wir diese 2012 ins Internet gestellt. Ein Name für unseren gemeinsamen Blog war auch sehr schnell gefunden: DIE JUNGS KOCHEN UND BACKEN.
Ein Hobby zusammen ausleben zu dürfen, schätzen wir sehr und nur so konnte dieses zu einem großen und wichtigen Teil unseres Lebens werden. Denn wie das mit der Leidenschaft so ist, kann man sich ihr nur schwer widersetzen.

Ein Buch zu verfassen, in dem wir unsere Rezepte auch in Papierform an euch weitergeben können, war für uns ein lang gehegter Traum, den wir nun mit tollen Kreationen an Marmeladen, Konfitüren, Curds und Aufstrichen präsentieren. Dass wir einmal an diesen Punkt kommen, haben wir wohl selbst am wenigsten geglaubt. Unser gemeinsamer Blog hat unser Leben auf den Kopf gestellt und wir freuen uns einfach auf alles, was noch kommen mag!

Da wir zwei echte Familienmenschen sind, waren bei diesem Herzensprojekt natürlich unsere Mütter und die Oma Lore als Ratgeber involviert. Sie wurden befragt, Kindheitserinnerungen ins Gedächtnis gerufen und so findet ihr nicht nur Rezepte in unserem Buch, sondern auch immer wieder kleine Geschichten, die beschreiben, was uns speziell mit der Idee hinter dem Rezept verbindet.

Daher wünschen wir ganz viel Spaß beim Stöbern und Nachkochen und vielleicht können wir bei euch auch einige Erinnerungen wecken.

(Wir hoffen, dass wir euch mit unserer persönlichen Anrede hier und auf den folgenden Seiten nicht abschrecken, denn das machen wir auf unserem Blog ganz genauso.)

Eure Jungs

Sascha & Torsten

GRUNDANLEITUNG

WELCHES EQUIPMENT BENÖTIGT IHR?

In den Rezepten werden wir euch mit allerlei Infos rund um das Thema Equipment versorgen. Es gibt einige Dinge, die beim Zubereiten von Marmeladen & Co. unerlässlich sind und einige, die euch das Leben etwas erleichtern, dazu gehören:

- Dampfentsafter
- Entsafter
- Stabmixer
- Großer Topf
- Schaumlöffel
- Verschließbare Gläser
- Mixer
- „Flotte Lotte"
- Einfülltrichter
- Küchenwaage

WELCHES GELIERMITTEL EIGNET SICH?

Es gibt mittlerweile eine Vielzahl an Gelierzuckersorten, je nachdem, welchen Aufstrich ihr zubereitet. Ob eure Marmelade, Konfitüre oder euer Gelee am Ende wirklich fest wird, hängt nämlich von dem Verhältnis Pektin, Säure und Zucker ab. Oma Lore und Torstens Urgroßmutter beispielsweise haben früher Marmeladen noch mit handelsüblichen Zucker im Verhältnis 1:1 zubereitet. Dadurch war das Ergebnis über Jahre haltbar, aber heute ist dieses Verhältnis den meisten zu süß. Der Einkochvorgang dauerte außerdem viel länger als mit heutigem Gelierzucker.

In der Regel bekommt ihr Gelierzucker in 3 Varianten: 1:1 / 2:1 / 3:1.
Gemeint ist das Verhältnis Frucht zu Zucker und dementsprechend wird der Pektingehalt im Zucker gegebenenfalls erhöht. Der Pektingehalt ist maßgeblich dafür verantwortlich, ob die Masse geliert und variiert je nach Frucht. Daher findet ihr mittlerweile auch Gelierzucker speziell für Erdbeeren, Beerenfrüchte oder Gelees. Ein weiterer wichtiger Bestandteil ist nämlich der Säuregehalt einer Frucht. Diese speziellen Zucker sind somit schon perfekt auf die Mischung Pektin, Säure und Zucker abgestimmt, sodass ihr euch darüber keine Gedanken mehr machen müsst.
Ihr könnt Marmeladen auch alternativ mit Agavendicksaft, Honig oder Xucker süßen, dann wird jedoch ein zusätzliches Geliermittel in Pulverform benötigt, aber auch dieses solltet ihr problemlos in jedem Supermarkt finden.

WAS GILT ES ALLGEMEIN ZU BEACHTEN?

Damit die Marmeladen & Co. möglichst lange haltbar sind, ist Sauberkeit das Wichtigste! Daher sollten die Gläser und Deckel immer vorher abgekocht werden. Dazu circa 10 Minuten in kochendes Wasser legen und dann umgekehrt auf einem Küchentuch abtropfen lassen und nicht abtrocknen. Alternativ kann man sie auch bei 150 °C für 10 Minuten in den Ofen stellen. Generell kann man zur Haltbarkeit sagen: Da Zucker als natürliches Konservierungsmittel dient, sinkt die Haltbarkeit je nach Verhältnis. Sind die Marmeladen im Verhältnis 1:1 im Prinzip Jahre haltbar, sprechen wir bei Verhältnissen 2:1 / 3:1 nur von einige Monaten. Sollte sich beim Kochen Schaum bilden, sollte dieser mit einem Schaumlöffel auf jeden Fall entfernt werden, da sich hier schnell Bakterien bilden. Die Haltbarkeit hängt auch davon ab, wie sauber gearbeitet wurde, daher ist eine allgemeingültige Aussage sehr schwierig. Am Besten überprüft ihr jedes Glas, wenn ihr es aus dem Vorratsschrank nehmt. Hat sich Schimmel gebildet? Ist ein Vakuum vorhanden? Riecht es komisch? Verlasst euch hier am besten auf eure Sinne. Nach dem Öffnen muss das Eingemachte aber in den Kühlschrank und sollte zügig verzehrt werden. Curds und Aufstriche sollten generell im Kühlschrank aufbewahrt und innerhalb einiger Wochen gegessen werden.
Stellt euch immer einen Wecker, um die Kochzeiten einzuhalten, denn sonst wird die Marmelade nachher zu fest oder sie bleibt zu flüssig. Auch die Mengenangaben solltet ihr aus diesem Grund genau einhalten.

Ein weiterer wiederkehrender Schritt ist die Gelierprobe. Stellt euch dazu einen kleinen Teller in die Gefriertruhe und gebt ein wenig der Marmelade darauf. Da die kleine Menge dabei schnell erkaltet, wisst ihr sofort, ob die Masse fest wird. Wenn sie zu flüssig ist, kocht ein wenig weiter und wiederholt die Gelierprobe anschließend.

HÄUFIG GESTELLTE FRAGEN

ICH HABE KEINEN DAMPFENTSAFTER, WAS NUN?

Es geht auch ohne Dampfentsafter. Dünstet die Früchte dafür einfach und hängt sie in einem Passiertuch oder Küchentuch über eine Schüssel. Dort lasst ihr alles am besten über Nacht abtropfen. Mit dem aufgefangenen Saft dann einfach nach Rezept weiterarbeiten.

WAS TUE ICH, WENN DIE MARMELADE NICHT DIE GEWÜNSCHTE KONSISTENZ HAT?

Egal, ob die Marmelade zu fest oder zu weich ist – in beiden Fällen muss sie nochmal zurück in den Topf. Ist die Marmelade zu weich, dann einen Beutel Zitronensäure hinzufügen und noch einmal aufkochen und nach der Gelierprobe abfüllen. Ein zu weiches Gelee lässt sich auch super als Sirup in einer Flasche abfüllen. Ist das Ergebnis eher schnittfest geworden, dann mit ein wenig Fruchtsaft erneut aufkochen und wieder abfüllen.

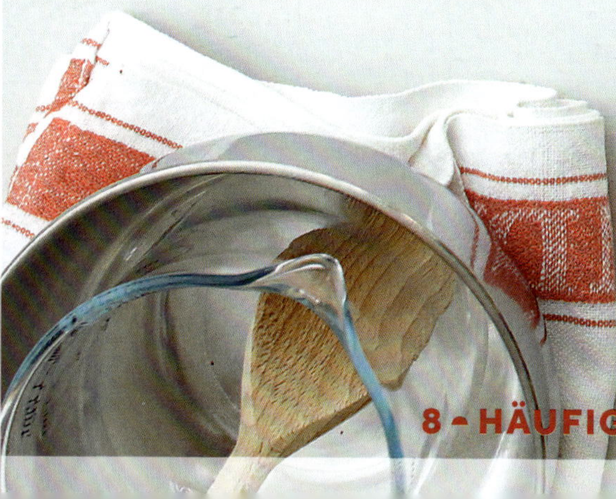

WELCHE GLÄSER VERWENDE ICH AM BESTEN?

Die Gläser müssen fest verschließbar sein. Also entweder mit Schraub- oder Bügelverschluss. Wir empfehlen euch, für die Marmeladen, Konfitüren, Gelees und Curds eher kleine Gläser zu nehmen, da der Inhalt darin besser geliert als in riesigen Gläsern. Bei den Aufstrichen gibt es hier eher weniger zu beachten.

WAS MUSS ICH BEI DER AUSWAHL DES OBSTES BEACHTEN?

Achtet darauf, immer frisches Obst zu kaufen. Unreifes aber auch überreifes Obst kann auf Grund des veränderten Säuregehalts das Gelierergebnis beeinflussen. Einige Früchte wie Äpfel oder Quitten haben von Natur aus viel Pektin und gelieren schnell, Erdbeeren hingegen wollen eher weniger gut gelieren. Dies gilt es vor allem bei der Herstellung mit Haushaltszucker zu beachten. Bei unseren Rezepten müsst ihr euch diesbezüglich keine Gedanken machen.

MUSS ICH DIE GLÄSER NACH DEM BEFÜLLEN AUF DEN KOPF STELLEN?

Das auf den Kopf stellen ist ein Brauch, der sich sehr wacker hält. Unsere Mütter und Omas haben das auch immer so gemacht. Fragt man nach dem Grund, dann versuchen es viele mit dem Vakuum zu erklären. Wenn alles heiß abgefüllt und direkt verschlossen wird, dann bildet sich aber auch so ein Vakuum. Daher lautet die Antwort nein, die Gläser müssen nicht auf

den Kopf gestellt werden. Einzig bei Marmeladen mit Stücken kann es hilfreich sein, das Glas mehrmals zu drehen, allerdings nur, um die Stücke gleichmäßig zu verteilen.

WAS IST EIN CURD?

Ein Curd ist ein Aufstrich, der aus temperiertem Ei und Fruchtsaft oder -mus hergestellt und mit Butter heruntergekühlt wird.

MEIN CURD DICKT NICHT AN, WAS MACHE ICH FALSCH?

Hier kann es zwei Gründe geben. Entweder war die Temperatur etwas zu gering, dann erhöht sie schrittweise und rührt fleißig weiter. Die zweite Möglichkeit ist, dass ihr zu ungeduldig seid. Man rührt schon mal bis zu 30 Minuten.

KANN ICH AUCH KLEINERE ODER GRÖSSERE MENGEN ZUBEREITEN?

Bereitet ihr größere Mengen bei Rezepten mit Gelierzucker zu, verlängert sich die Kochzeit nicht und beträgt in der Regel weiterhin 4 Minuten. Bereitet ihr kleinere Mengen zu, dann füllt den Gelierzucker in eine Schüssel und rührt mit einem Schneebesen gut durch. Da dem Zucker Pektin zugefügt wurde, kann es sein, dass sich dieses in der Verpackung abgesetzt hat und gegebenenfalls das Mischverhältnis und damit das Ergebnis nicht optimal sind.

KANN ICH AUCH VEGANE MARMELADE ZUBEREITEN?

Da dem handelsüblichen Gelierzucker nur das natürliche Geliermittel Pektin zugefügt wird und nicht beispielsweise Gelatine, sind die Marmeladen in der Regel immer vegan. Wer es aber ganz sicher wissen will auch in Bezug auf den Herstellungsprozess, fragt am besten beim Hersteller nach.

FUNKTIONIEREN DIE MARMELADEN AUCH MIT GEFRORENEN FRÜCHTEN?

Alle Marmeladen können auch aus gefrorenen Früchten zubereitet werden. Wir frieren gerne Obst aus Mamas Garten ein und benutzen es, um zum Beispiel auch im Winter leckere Erdbeermarmelade zu genießen. Dazu lasst ihr das Obst bei Zimmertemperatur komplett auftauen und verarbeitet es wie im Rezept angegeben.

Brombeer-
konfitüre mit
Lavendelblüten!

MARMELADE

Aprikosen-
konfitüre
mit Rosmarin
Ball
MASON

APRIKOSEN KONFITÜRE MIT ROSMARIN

Kennt ihr das, wenn ein Gericht den Geschmack von Urlaub einfängt? Diese Konfitüre erinnert uns an einen Urlaub in der Toskana – an die Rosmarinsträucher entlang der Terrasse, den Geschmack von unglaublich guten Aprikosen auf der Zunge! Wir hoffen, wir können euch mit unserem Rezept auch dorthin entführen.

ZUTATEN

1,2 kg frische Aprikosen
200 ml Maracuja Saft
2 Zweige Rosmarin
350 g Gelierzucker 3:1

ABFÜLLMENGE

ca. 800 ml

1 Entsteint die Aprikosen und schneidet sie grob in Stücke.

2 Füllt sie zusammen mit dem Maracujasaft und dem Rosmarin in einen Topf und lasst sie bei geschlossenem Deckel ungefähr 15 Minuten leicht köcheln.

3 Nehmt den Rosmarin heraus und püriert den Topfinhalt.

4 Nachdem ihr den Gelierzucker hinzugefügt habt, lasst ihr die Aprikosen ca. 4 Minuten sprudelnd kochen.

5 Macht die Gelierprobe und füllt die Marmelade dann heiß in die abgekochten Gläser und verschließt sie.

TIPP VON DEN JUNGS

Wer von euch lieber ein paar Fruchtstücke in der Konfitüre haben möchte, kann die Früchte etwas kleiner schneiden und nicht mehr püriere.

TOMATEN MARMELADE

MIT STERNANIS UND INGWER

Dass man Tomaten zu Marmelade verarbeiten kann, ist bestimmt nichts Neues. Aber die Verbindung mit Sternanis ist mit Sicherheit eine eher ungewöhnliche Variante. In unseren Familien gehen die Meinungen zum Anisgeschmack sehr stark auseinander, allerdings mochten unsere Marmelade trotzdem alle!

TIPP VON DEN JUNGS:

Das Ursprungsrezept von Torstens Urgroßmutter wird mit unreifen Tomaten gemacht. Dabei erhält die Marmelade mehr Frische und ist weniger fruchtig.
Achtet dabei darauf, die Tomaten einige Minuten länger zu kochen, damit sie weich werden.

ZUTATEN

1,5 kg frische Tomaten
500 ml Wasser
1 Zitrone
2 Stück Sternanis
5 g Ingwer
500 g Bio-Gelierzucker 2:1

ABFÜLLMENGE

ca. 1,3 l

1 Viertelt die Tomaten, entfernt den Strunk und lasst die Tomaten mit dem Wasser und dem Saft der Zitrone 10 Minuten köcheln.

2 Gebt den Sternanis hinzu und lasst alles bei mittlerer Hitze auf ca. 1 Liter reduzieren.

3 Reibt den Ingwer dazu und ergänzt den Gelierzucker. Lasst die Masse ungefähr 8 Minuten sprudelnd kochen.

4 Macht die Gelierprobe und füllt die Marmelade dann heiß in die abgekochten Gläser und verschließt sie.

Kirsch-
konfitüre
mit Balsamico

KIRSCH KONFITÜRE MIT BALSAMICO

Wer unseren Blog ein wenig kennt, dem ist aufgefallen, dass wir unter anderem sehr gerne Rezepte mit Balsamico entwickeln. Dabei gibt es so viele Möglichkeiten, denn der Essig ist vielseitig einsetzbar und kann nicht nur zu Dressing verarbeitet werden. Gerade als Kontrast zu süßen Kirschen lag es für uns sehr nahe, beides miteinander zu verbinden. Herausgekommen ist eine süße Konfitüre mit säuerlicher Note.

ZUTATEN

1,3 kg Süßkirschen

450 g Gelierzucker 3:1

3 EL Zitronensaft

120 ml hochwertiger Balsamico

ABFÜLLMENGE

ca. 1,6 l

1. Entsteint die Kirschen und schneidet sie in Viertel.
2. Vermengt sie in einer Schüssel mit den restlichen Zutaten und lasst sie mindestens 1 Stunde, mit einem Tuch abgedeckt, ruhen.
3. Gebt die Zutaten in einen Topf und bringt sie zum Kochen.
4. Lasst die Marmelade für 10 Minuten köcheln.
5. Macht die Gelierprobe und füllt die Konfitüre dann heiß in die abgekochten Gläser und verschließt sie.

TIPP VON DEN JUNGS

Im Gegensatz zu Saschas Bruder mögen wir Stücke in der Fruchtkonfitüre. Aber wer das gerne ein wenig kleiner haben möchte, der kann vor dem Abfüllen noch kurz einen Stabmixer zum Pürieren in die Früchte halten.

ORANGEN-KÜRBIS MARMELADE

MIT ZIMTBLÜTE

In den vergangenen Jahren haben wir uns mehr und mehr mit dem Phänomen Kürbis angefreundet, denn unser Favorit auf dem Speiseplan war er vorher nicht. Aber der wunderbaren Farbe und dem feinen Geschmack sind wir dann letztlich doch erlegen. Gepaart mit fruchtiger Orange und den Zimtblüten, entsteht eine wohlige volle Marmelade, mit der ihr euch den Herbst einfangen könnt.

ZUTATEN

700 g Orangenfilets
300 g Hokkaido-Kürbis
1 TL gemahlene Zimtblüte
500 g Gelierzucker 2:1

ABFÜLLMENGE

ca. 1 l

1. Filetiert die Orangen und fangt dabei auch den Saft auf.
2. Befreit den Kürbis von den Kernen und schneidet 300 g Fruchtfleisch in kleine Würfel.
3. Gebt den Kürbis gemeinsam mit den Orangenfilets, dem Saft und den Zimtblüten in einen Topf und lasst alles 10–15 Minuten köcheln. Püriert mit einem Stabmixer anschließend den Inhalt grob.
4. Fügt den Gelierzucker hinzu und lasst alles für mindestens weitere 4 Minuten sprudelnd kochen
5. Macht die Gelierprobe und füllt die Marmelade dann heiß in die abgekochten Gläser und verschließt sie.

TIPP VON DEN JUNGS

Wenn ihr mal Zimt als Geschmacksexplosion erfahren möchtet, dann haltet euch die Nase zu und zerkaut eine Zimtblüte. Macht dann die Nase frei – das müsst ihr einfach selbst erleben.

BROMBEER KONFITÜRE

MIT LAVENDELBLÜTEN

Wir beide sind eigentlich überhaupt keine Lavendelfans. Aber unser Gewürzhändler hat uns schon mehrfach die Kombination von Brombeere mit der Blüte empfohlen. Und da wir uns auch gerne von Paarungen überzeugen lassen, die im ersten Moment ungewöhnlich erscheinen, mussten wir das in diesem Rezept unbedingt ausprobieren. Und jedem Zweifler sei gesagt: Das ist mega lecker!

ZUTATEN

1 kg Brombeeren
2 TL Lavendelblüten
500 g Gelierzucker für Beeren

ABFÜLLMENGE

ca. 1,1 l

1 Füllt die Beeren und Blüten in einen großen Topf und kocht sie so lange, bis ein Mus entstanden ist.

2 Streicht die Fruchtmasse durch ein Sieb, sodass nur noch die Kerne und Blüten darin zurück bleiben.

3 Erneut im Topf, bringt ihr das Mus (ca. 750 g) mit dem Gelierzucker unter Rühren zum Kochen.

4 Lasst es mindestens 4 Minuten sprudelnd kochen. Macht dann die Gelierprobe und füllt die Konfitüre heiß in die abgekochten Gläser und verschließt sie.

TIPP VON DEN JUNGS:

Wer noch eine „Flotte Lotte" zu Hause im Küchenschrank findet, kann auch damit sehr gut das Fruchtmus herstellen. Unsere Lotte hat uns Torstens Mutter irgendwann einmal vom Wochenmarkt mitgebracht und wir wollen sie nicht missen.

21 • MARMELADE

ANANAS
INGWER
MARMELADE

ANANAS MIT INGWER MARMELADE

Torstens Mama trinkt für ihr Leben gern Ingwertee und auch in einer frisch gekochten Hühnersuppe darf Ingwer bei ihr nicht fehlen. Eigentlich ist er ein ständiger Begleiter in ihrer Küche, aber Ananas mag sie überhaupt nicht. Grund genug für uns beide, eine Marmelade zu kochen, die beides miteinander verbindet, sodass sie sich vielleicht doch noch für die leckere Frucht erwärmt.

ZUTATEN

1 Ananas
100 ml Apfelsaft
Saft einer halben Zitrone
15 g Ingwer
500 g Bio-Gelierzucker 2:1

ABFÜLLMENGE

ca. 1,1 l

1. Schält die Ananas, entfernt den Strunk aus der Mitte und schneidet 800 g Fruchtfleisch in kleine Würfel.
2. Gebt die Ananaswürfel sowie den Apfel- und Zitronensaft mit dem geriebenen Ingwer in einen Topf und kocht sie für ca. 8 Minuten.
3. Fügt dann den Gelierzucker hinzu und lasst alles für mindestens weitere 4 Minuten sprudelnd kochen.
4. Macht die Gelierprobe und füllt die Marmelade heiß in die abgekochten Gläser und verschließt sie.

TIPP VON DEN JUNGS

Wenn ihr die Marmelade in einer Schale mit einer Gabel kurz aufrührt, könnt ihr sie perfekt als Sauce zu Eis oder anderen Desserts verwenden.

Feige
Riesling
Marmelade

FEIGEN-KONFITÜRE MIT RIESLING

Sascha stammt ursprünglich aus der Saar-Mosel-Region und ist mit Weinbergen und natürlich auch mit Wein aufgewachsen. Besonders bekannt ist die Weinregion für ihren Riesling und den lieben wir ganz besonders. Gemeinsam mit Feigen entsteht eine ganz fantastische Konfitüre, die nicht nur durch ihre tolle Farbe besticht.

ZUTATEN

700 g Feigen
300 ml Riesling
500 g Gelierzucker 2:1

ABFÜLLMENGE

ca. 1,1 l

1 Viertelt die Feigen und gebt sie mit dem Riesling zum Durchziehen über Nacht in eine Schüssel.

2 Füllt den gesamten Inhalt in einen Kochtopf und lasst die Masse kurz aufkochen.

3 Zerkleinert die Feigen mit einem Stabmixer nur grob.

4 Gebt den Gelierzucker dazu und lasst alles mindestens 4 Minuten sprudelnd kochen.

5 Macht die Gelierprobe und füllt eure Konfitüre dann heiß in die abgekochten Gläser und verschließt sie.

TIPP VON DEN JUNGS

Es muss nicht zwingend ein Riesling sein. Verwendet einfach euren persönlichen Lieblingswein. Sehr gut passt zum Beispiel ein leichter Rotwein.

BOTUCAL
Mirabellen Konfitüre mit Rum
Mirabellen Konfitüre mit Rum

MIRABELLEN KONFITÜRE MIT RUM

Sascha ist mit einem Mirabellenbaum im Garten aufgewachsen. Meist konnten er und seine Brüder es gar nicht abwarten, bis sie reif wurden und kletterten viel zu früh auf den Baum zum Ernten. Sascha ist heute noch ganz verrückt nach Mirabellen und auch nach dieser Konfitüre. Im Alter haben sich allerdings ein paar Tropfen Rum hineingeschlichen.

TIPP VON DEN JUNGS

Der Bio-Gelierzucker kommt ganz ohne Palmöl aus.

ZUTATEN

1 kg Mirabellen, entsteint
50 ml karibischer Rum
1 Vanilleschote (das Mark davon)
1/2 Zitrone (der Saft davon)
500 g Bio-Gelierzucker 2:1

ABFÜLLMENGE

ca. 1 l

1. Lasst alles, bis auf den Zucker, in einem Topf mindestens eine Stunde ruhen.
2. Kocht die Früchte unter gelegentlichem Rühren für ca. 15 Minuten bei geschlossenem Deckel auf.
3. Lasst sie nun für weitere 5 Minuten ohne Deckel kochen und fügt danach den Gelierzucker hinzu. Kocht die Marmelade für weitere 4 Minuten.
4. Macht die Gelierprobe und füllt die Konfitüre heiß in die abgekochten Gläser und verschließt sie.

AUFSTRICH

RHABARBER-MANGO-MUS

MIT MINZE

Liebt ihr die Rhabarberzeit genauso wie wir? Diese Frucht hat es uns einfach angetan. Ein Glück, dass Torstens Mama Unmengen der leckeren Stangen im Garten hat. Bei dieser großen Ernte kann man auch mal ein wenig experimentieren und dabei ist dieser fantastische Aufstrich entstanden.

TIPP VON DEN JUNGS:

Der eine oder andere tut sich schon mal schwer mit Minze. Wir können sie euch nur empfehlen, denn sie verleiht dem Aufstrich neben der Säure eine spannende Frische. Aber auch ohne Minze schmeckt das Mus wunderbar.

ZUTATEN

750 g Rhabarber, geschält

700 g Mango, vom Stein gelöst (etwa 3 Stück)

100 ml Mango Saft

4 Stängel frische Minze, die Blätter davon

500 g Gelierzucker 3:1

ABFÜLLMENGE

ca. 1,2 l

1. Würfelt das Obst und gebt es mit dem Saft in einen großen Topf.
2. Püriert Mango und Rhabarber zu einem feinen Kompott und bringt es danach zum Kochen.
3. Hackt die Minze ganz fein und gebt sie mit dem Zucker zu dem Fruchtpüree.
4. Lasst das Mus mindestens 4 Minuten sprudelnd kochen.
5. Macht die Gelierprobe und füllt den Aufstrich dann heiß in die abgekochten Gläser und verschließt sie.

31 • AUFSTRICH

KOKOS-CREME MIT WEISSER SCHOKOLADE

Ob als Praline, als Schokoriegel oder auch im Kuchen: Torsten war schon immer kokossüchtig. Sascha hingegen hat die Nuss erst in den letzten Jahren schätzen gelernt. Wie? Klar: Man mische (weiße) Schokolade mit Kokosraspeln und schon ist er zufrieden und kann gar nicht mehr genug davon bekommen …

TIPP VON DEN JUNGS:

Unser Aufstrich eignet sich auch perfekt dazu, um Pralinen herzustellen. Einfach fertige Hohlkörper kaufen und damit befüllen. Die Hohlkörper anschließend in etwas warmer Schokolade wälzen und fertig ist das persönliche Geschenk für Familie und Freunde.

ZUTATEN

125 g Butter
100 g weiße Schokolade
30 g Kokosmus
200 g gezuckerte Kondensmilch
100 g Kokosraspeln

ABFÜLLMENGE

ca. 440 ml

1 Schmelzt die Butter bei geringer Temperatur in einem Topf.

2 Brecht die Schokolade in kleine Stückchen und lasst sie unter Rühren in der Butter schmelzen.

3 Nehmt den Topf vom Herd und rührt mit dem Schneebesen alle übrigen Zutaten unter.

4 Füllt die warme Creme in abgekochte Gläser und verschließt sie sofort. Lagert die Creme nach dem Abkühlen im Kühlschrank.

Kokos creme

ZWETSCHGEN MUS

NACH OMA LORE

Dieses wunderbare Rezept hat Torstens Oma Lore aus Österreich mitgebracht. Wenn die im Ofen gegarten Zwetschgen ihren Duft in der Wohnung verströmen, schwelgt Torsten in Kindheitserinnerungen.

TIPP VON DEN JUNGS:

Auch ohne Alkohol schmeckt das Mus ganz wunderbar. Alternativ zum Rum könnt ihr Rumaroma verwenden.

ZUTATEN

1,5 kg Zwetschgen, entsteint
3 EL Rotweinessig
6 cl Portwein
400 g brauner Zucker
1 Zimtstange
2 Nelken
1 Vanilleschote
6 cl Rum 40 %

ABFÜLLMENGE

ca. 1 l

1. Last alles, bis auf den Rum, in einer feuerfesten Auflaufform 8 Stunden oder über Nacht mit einem Tuch abgedeckt ruhen.
2. Die durchgezogenen Zutaten 4 Stunden bei 150 °C im Ofen garen lassen. Die Ofentür mit einem Kochlöffel leicht geöffnet halten und nicht rühren.
3. Füllt die Masse mit dem Rum in einen großen Topf, püriert sie mit einem Stabmixer und lasst sie 10 Minuten köcheln.
4. Anschließend füllt ihr alles heiß in die abgekochten Gläser ab und verschließt sie.

BIRNEN AUFSTRICH MIT MARZIPAN

Im Garten von Torstens Oma standen früher einige Birnenbäume von Sorten, die es heute im Handel fast überhaupt nicht mehr gibt. Durch die Fülle an dem Obst, das ständig als Kompott, in Kuchen verarbeitet oder ganz pur als frische Frucht auf den Tisch kam, hatte er daher lange keine besondere Freude. Aber mittlerweile hat er seinen Frieden mit der Birne gemacht und sie ist wieder ein regelmäßiger Begleiter in unserer Küche. Vor allem in Verbindung mit Marzipan können wir beide nicht „Nein" zur Birne sagen.

ZUTATEN

1 kg Birnen
300 g Vollrohrohrzucker
50 ml Wasser
200 g Marzipanrohmasse

ABFÜLLMENGE

ca. 900 ml

1. Schält und entkernt die Birnen – es sollten ca. 700 g Fruchtfleisch übrig bleiben – und würfelt die Stücke.
2. Bei mittlerer Temperatur kocht ihr in einem Topf unter Rühren den Zucker mit dem Wasser auf und lasst die Zuckerlösung bei ca. 100 °C köcheln, bis sie dickflüssig ist.
3. Fügt nun die Birnenwürfel hinzu und lasst sie bei etwas höherer Temperatur ca. 15 Minuten unter gelegentlichem Rühren köcheln.
4. Reduziert die Temperatur auf die kleinste Stufe, sodass die Masse nicht mehr kocht und reibt das Marzipan ein. Rührt es unter, bis es aufgelöst ist.
5. Füllt den Aufstrich sofort in abgekochte Gläser und verschließt sie.

TIPP VON DEN JUNGS:

Der Aufstrich schmeckt nicht nur auf einem Frühstücksbrötchen, sondern lässt sich auch super als Füllung von Plundergebäck verarbeiten.

TOPP

Trick 17

Lifehacks, die das Leben einfacher machen

Super als Geschenk

Neu

336 S., 16,2 x 21 cm, SC
ISBN 978-3-7724-**7793**-5
€ (D) 17,00

336 S., 16,2 x 21 cm, SC
ISBN 978-3-7724-**7784**-3
€ (D) 17,00

320 S., 16,2 x 21 cm, SC
ISBN 978-3-7724-**7826**-0
€ (D) 17,00

320 S., 16,2 x 21 cm, SC
ISBN 978-3-7724-**7626**-3
€ (D) 17,00

320 S., 16,2 x 21 cm, SC
ISBN 978-3-7724-**7755**-3
€ (D) 17,00

400 S., 16,2 x 21 cm, SC
ISBN 978-3-7724-**7514**-6
€ (D) 17,00

Kreativ Leben – Bewusst Leben

112 S., 16,5 x 21,5 cm, HC
ISBN 978-3-7724-**7806**-2
€ (D) 14,99

112 S., 19,5 x 25 cm, HC
ISBN 978-3-7724-**7818**-5
€ (D) 15,99

192 S., 21,9 x 23 cm, SC
ISBN 978-3-7724-**7807**-9
€ (D) 17,99

272 S., 16,2 x 21 cm, SC
ISBN 978-3-7724-**4909**-3
€ (D) 16,00

208 S., 15 x 21 cm, SC
ISBN 978-3-7724-**4914**-7
€ (D) 14,00

96 S., 21,9 x 23 cm, SC
ISBN 978-3-7724-**4911**-2
€ (D) 16,00

Handlettering & DIY

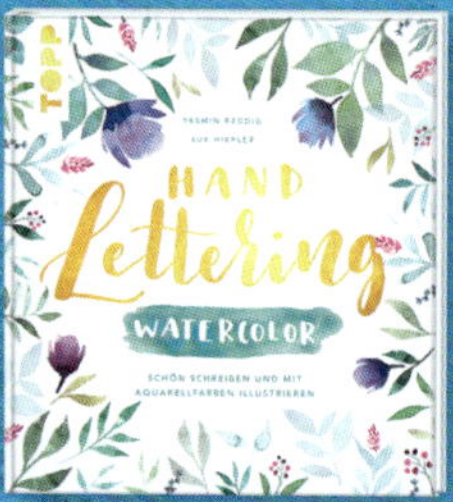

112 S., 22,2 x 23,5 cm, HC
ISBN 978-3-7724-**8318**-9
€ (D) 16,99

144 S., 22,2 x 23,5 cm, HC
ISBN 978-3-7724-**8343**-1
€ (D) 17,99

176 S., 22,2 x 23,5 cm, HC
ISBN 978-3-7724-**8353**-0
€ (D) 19,99

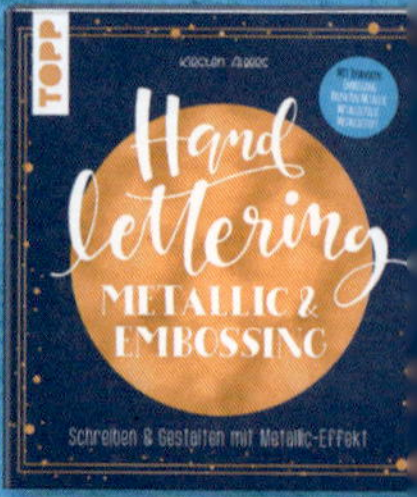

112 S., 22,2 x 23,5 cm,
ISBN 978-3-7724-**8351**
€ (D) 16,99

176 S., 22,2 x 23,5 cm, HC
ISBN 978-3-7724-**8333**-2
€ (D) 19,99

96 S., 21,9 x 23 cm, SC
ISBN 978-3-7724-**6217**-7
€ (D) 15,99

256 S., 19,5 x 25 cm, HC
ISBN 978-3-7724-**7751**-5
€ (D) 14,99

160 S., 19,5 x 25 cm, H
ISBN 978-3-7724-**7890**
€ (D) 14,99

144 S., 22,2 x 23,5 cm, HC
ISBN 978-3-7724-**7805**-5
€ (D) 17,99

224 S., 14,8 x 21 cm, SC
ISBN 978-3-7724-**8354**-7
€ (D) 12,99

80 S., 19,5 x 25 cm, HC
ISBN 978-3-7724-**7545**-0
€ (D) 14,99

240 S., 22,5 x 28,5 cm,
ISBN 978-3-7724-**7957**
€ (D) 19,99

Malen & Zeichnen

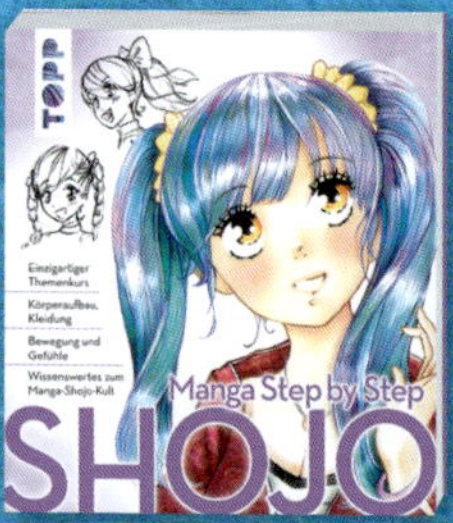

160 S., 21,9 x 23 cm, SC
ISBN 978-3-7724-**8332**-5
€ (D) 16,99

192 S., 23,4x 31,0 cm, HC
ISBN 978-3-7724-**8257**-1
€ (D) 16,99

128 S., 21,5 x 28,5 cm, HC
ISBN 978-3-7724-**8324**-0
€ (D) 22,00

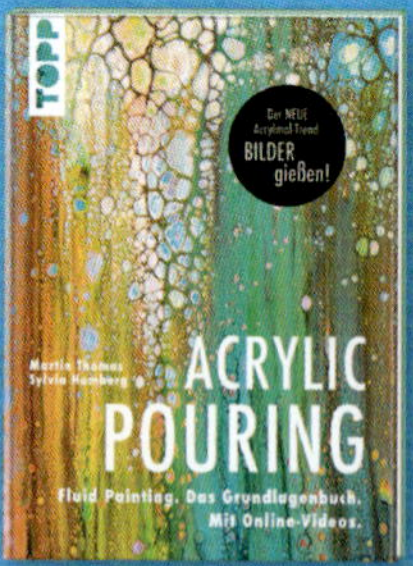

80 S., 21,5 x 28,5 cm, I
ISBN 978-3-7724-**8347**
€ (D) 19,99

Kreatives Backen

176 S., 21,5 x 28,5 cm, HC
ISBN 978-3-7724-**8053**-9
€ (D) 22,00

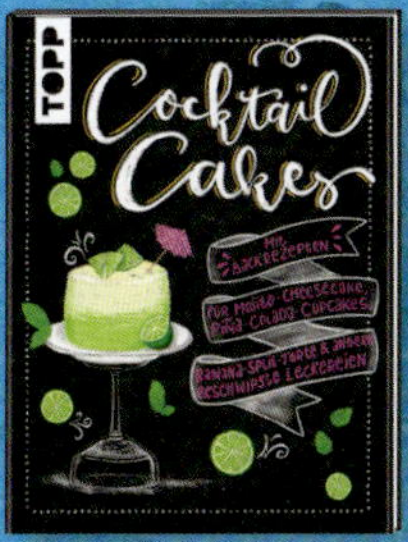

112 S., 19,5 x 25 cm, HC
ISBN 978-3-7724-**8056**-0
€ (D) 16,99

80 S., 19,5 x 25 cm, HC
ISBN 978-3-7724-**8055**-3
€ (D) 13,99

80 S., 19,5 x 25 cm, HC
ISBN 978-3-7724-**8050**-8
€ (D) 13,99

Basteln | Familie

160 S., 21,5 x 28,5 cm, HC
ISBN 978-3-7724-**7542**-9
€ (D) 16,99

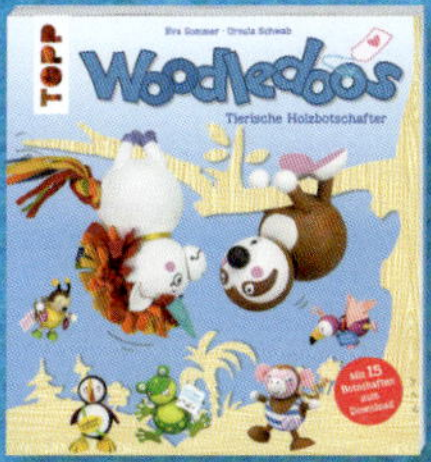

96 S., 21,9 x 23 cm, SC
ISBN 978-3-7724-**7895**-6
€ (D) 15,99

128 S., 20,5 x 26,5 cm, HC
ISBN 978-3-7724-**7829**-1
€ (D) 15,99

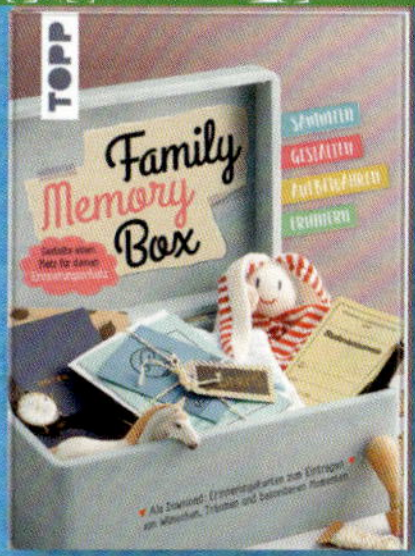

128 S., 21,5 x 28,5 cm, HC
ISBN 978-3-7724-**7898**-7
€ (D) 16,99

KinderKreativ

144 S., 20 x 26,5 cm, HC
ISBN 978-3-7724-**7873**-4
€ (D) 14,99

144 S., 20 x 26,5 cm, HC
ISBN 978-3-7724-**7834**-5
€ (D) 9,99

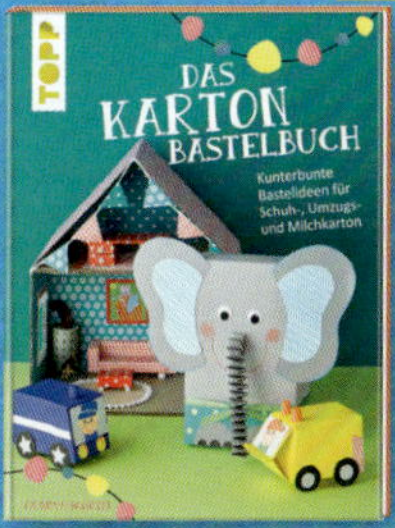

64 S., 20,5 x 26,5 cm, HC
ISBN 978-3-7724-**7762**-1
€ (D) 10,99

80 S., 20 x 26 cm, SC
ISBN 978-3-7724-**7880**-2
€ (D) 9,99

64 S., 20 x 26,5 cm, HC
ISBN 978-3-7724-**7954**-0
€ (D) 9,99

128 S., 20,5 x 26,5 cm, HC
ISBN 978-3-7724-**7955**-7
€ (D) 9,99

208 S., 21,5 x 28,5 cm, HC
ISBN 978-3-7724-**7836**-9
€ (D) 15,99

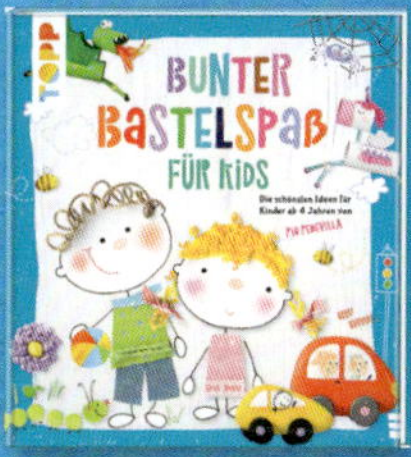

128 S., 22,2 x 23,5 cm, HC
ISBN 978-3-7724-**7875**-8
€ (D) 14,99

Handarbeiten

96 S., 19,5 x 25 cm, HC
ISBN 978-3-7724-**8143**-7
€ (D) 16,99

128 S., 21,5 x 28,5 cm, HC
ISBN 978-3-7724-**8142**-0
€ (D) 22,00

144 S., 21,5 x 28,5 cm, HC
ISBN 978-3-7724-**8145**-1
€ (D) 24,99

112 S., 19,5 x 25 cm, H
ISBN 978-3-7724-**8146**-
€ (D) 16,99

128 S., 20,5 x 26,5 cm, HC
ISBN 978-3-7724-**7831**-4
€ (D) 15,99

128 S., 20,5 x 26,5 cm, HC
ISBN 978-3-7724-**7876**-5
€ (D) 16,99

256 S., 21,5 x 28,5 cm, HC
ISBN 978-3-7724-**8151**-2
€ (D) 24,99

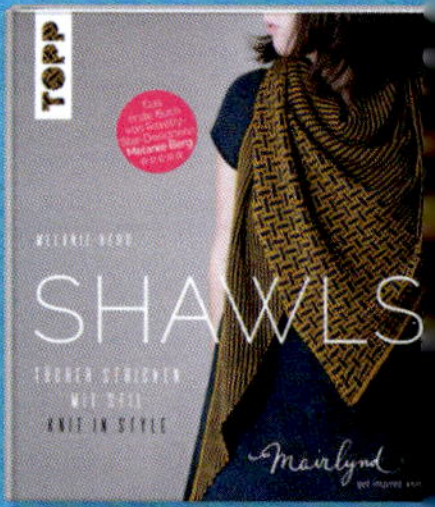

128 S., 22,2 x 23,5 cm,
ISBN 978-3-7724-**8140**-
€ (D) 22,00

352 S., 21,5 x 28,5 cm, HC
ISBN 978-3-7724-**8121**-5
€ (D) 29,99

368 S., 21,5 x 28,5, HC
ISBN 978-3-7724-**6366**-2
€ (D) 29,99

352 S., 21,5 x 28,5 cm, HC
ISBN 978-3-7724-**8122**-2
€ (D) 29,99

320 S., 21,5 x 28,5 cm, H
ISBN 978-3-7724-**6480**-
€ (D) 29,99

HASELNUSS-AUFSTRICH MIT KAKAO

Nuss-Nougat-Creme ist eine Glaubensfrage ... welche ist die Beste? Und mit dem passenden grammatikalischen Artikel fangen wir lieber gar nicht an. Dass man mit einem solchen wundervollen Aufstrich seiner Gesundheit nicht den besten Dienst erweist, ist klar. Mit unserem Rezept könnt ihr aber die Zuckermenge variieren und so eine eigene und gesündere Variante blitzschnell zubereiten.

ZUTATEN

500 g Haselnüsse
140 ml Kokosöl
150 g Puderzucker (variabel)
70 g Kakao

ABFÜLLMENGE

ca. 450 g

1 Röstet die Haselnüsse bei 170 °C ca. 10 Minuten auf einem mit Backpapier ausgelegten Blech im Ofen.

2 Zerkleinert die Haselnüsse nach dem Abkühlen in einem Mixer oder Multizerkleinerer ganz fein.

3 Fügt die restlichen Zutaten hinzu.

4 Püriert das Ganze 10-15 Minuten auf höchster Stufe.

5 Füllt den Aufstrich in abgekochte Gläser ab und verschließt sie. Hebt euren Haselnuss-Aufstrich anschließend im Kühlschrank auf.

TIPP VON DEN JUNGS

Variiert mit der Menge des Kakaos und Zuckers, wie schokoladig und süß ihr eure Nuss-Nougat-Creme haben möchtet.

GEBRANNTER-MANDEL-AUFSTRICH MIT ZIMT

Immer wenn wir über eine Kirmes laufen, strömt uns unweigerlich ein köstlicher Duft in die Nase. Wie einer unsichtbaren Spur müssen wir ihm einfach folgen und als Belohnung gibt es dann eine große Tüte gebrannte Mandeln. Genau diesen Duft und dieses Gefühl kann man mit unserem Aufstrich aufs Brot bringen.

TIPP VON DEN JUNGS:

Ihr könnt den Aufstrich auch problemlos mit anderen Nüssen zubereiten. Tastet euch dann aber mit der Menge des Öls zur richtigen Konsistenz heran, denn jede Nuss hat einen etwas anderen Fettgehalt.

ZUTATEN

400 g Zucker
200 g brauner Zucker
1 geh. TL Zimt
3 Pck. Vanillezucker
300 ml Wasser
600 g Mandeln
12 EL Rapsöl

ABFÜLLMENGE

ca. 0,8 l

1. Bringt Zucker, braunen Zucker, Zimt und Vanillezucker mit dem Wasser in einer großen Pfanne zum Kochen.
2. Gebt die Mandeln unter Rühren hinzu und lasst sie darin weiter kochen, bis der Zucker trocken wird.
3. Dann solange rühren, bis der Zucker karamellisiert und sich um die Mandeln legt.
4. Verteilt die Mandeln auf einem mit Backpapier ausgelegten Backblech und lasst sie auskühlen. Eventuell müsst ihr die Mandeln ein wenig voneinander trennen.
5. Zerkleinert die kalten gebrannten Mandeln nun mit einem Multizerkleinerer oder in einem hohen Gefäß mit einem Stabmixer und gebt nach und nach das Öl hinzu, bis ein glatter Aufstrich entsteht.
6. Füllt nun den Aufstrich in abgekochte Gläser und verschließt diese sofort.

Gebrannter
Mandel-
aufstrich

KARAMELL-CREME MIT GROBEM MEERSALZ

Schon als Kinder liebten wir beide die kleinen eckigen Karamellbonbons und diese Vorliebe für Karamell hat sich bis heute gehalten. Und nicht nur als Brotaufstrich wird Karamell bei uns verwendet: Auch in Torten oder anderen Gebäcken lässt sich das Karamell wunderbar verarbeiten.

ZUTATEN

250 g Puderzucker
3 EL Wasser
125 g Butter
200 g Sahne
etwas grobes Meersalz

ABFÜLLMENGE

ca. 600 ml

1. Gebt den Puderzucker, Wasser und die Butter in einen Topf und löst unter Rühren mit einem Schneebesen alle Zutaten bei mittlerer Hitze auf.

2. Bringt die Zuckermasse zum Kochen. Kocht sie, bis sie eine leicht goldbraune Farbe angenommen hat und reduziert die Temperatur ein wenig.

3. Rührt nun in einem dünnen Strahl die Sahne mit dem Schneebesen gründlich unter.

4. Unter ständigem Rühren lasst ihr die Masse nun so lange köcheln, bis sie dickflüssig geworden ist.

5. Rührt die Salzkristalle unter das Karamell und füllt es sofort in die abgekochten Gläser ab und verschließt sie.

TIPP VON DEN JUNGS:

Unser Karamell darf gerne ein wenig dunkler sein und damit auch etwas malziger schmecken. Wer lieber ein ganz süßes Karamell haben möchte, sollte darauf achten, dass die goldbraune Farbe der Zuckermasse recht hell bleibt.

ERDNUSS-CREME MIT SALZBREZELN

Schon bei unserem ersten gemeinsamen Urlaub in den USA waren wir ganz begeistert, dass sich die Kunden in einigen Supermärkten ihre eigenen Erdnusscremes herstellen konnten. Eine große Vielfalt an Erdnusssorten, Ölen und verschiedenen zusätzlichen Zutaten stand dort zur ganz individuellen Herstellung bereit. Also mussten wir euch einen solchen Aufstrich unbedingt in unserem Buch vorstellen. Und vor allem kann man den Aufstrich sehr einfach und schnell zubereiten.

ZUTATEN

500 g ungesalzene Erdnüsse
1 TL Salz
4 EL brauner Zucker
4 EL Pflanzenöl
40 g Salzbrezeln

ABFÜLLMENGE

ca. 600 ml

1. Gebt alle Zutaten, bis auf die Brezeln, in einen Standmixer.
2. Mixt alles solange, bis eine feine Creme entstanden ist.
3. Zerbröselt in einem Gefrierbeutel die Salzbrezeln auf die von euch gewünschte Größe und mischt sie unter die Erdnusscreme.
4. Füllt die Creme sofort in abgekochte Gläser ab und verschließt sie. Hebt die Creme anschließend im Kühlschrank auf.

TIPP VON DEN JUNGS:

Wer lieber eine herzhaftere Variante mag, der kann die Zuckermenge etwas reduzieren und ein wenig Sojasauce hinzufügen. Dann habt ihr gleich eine Sauce, die ihr zum Beispiel zu Hähnchenspießen servieren könnt.

Erdnuss
Creme

Apfelgelee mit Gin
Limettengelee mit Tonkabohne
Traubengelee mit Fenchelsaat
WECK
Rundrand-Glas 80

GELEE

Holunder-
Apfel
Ge·l·e·e

HOLUNDER-GELEE

MIT APFEL

Torsten ist verrückt nach Holunder, allerdings bekommt man ihn nur schwerlich im Supermarkt. Oft findet man ihn am Straßenrand, aber leider war unser Streifzug durch unsere Heimatstadt weniger erfolgreich. Ein Glück, dass Torstens Papa als Jäger in seiner Heimat die besten Stellen kennt und uns eine große Kiste voll überreicht hat.

ZUTATEN

800 g Holunderbeeren
1 großer Apfel
500 g Gelierzucker für Beeren

ABFÜLLMENGE

ca. 1,1 l

1 Pflückt die Beeren von den Dolden und entsaftet sie gemeinsam mit dem in Stücke geschnittenen Apfel heiß.

2 Lasst den Saft einige Minuten abkühlen und füllt ihn mit dem Gelierzucker in einen Topf.

3 Lasst alles mindestens 4 Minuten sprudelnd kochen.

4 Macht die Gelierprobe und füllt das Gelee anschließend heiß in die abgekochten Gläser und verschließt sie.

TIPP VON DEN JUNGS:

In der Stadt findet man Holunderbeeren auch schon mal in gut sortierten Biomärkten. Fragt doch einfach mal bei eurem nächstgelegenem Markt nach.

TRAUBEN-GELEE MIT FENCHELSAAT

Saschas Eltern haben einen Weinstock auf der Terrasse. Die Ausbeute ist mittlerweile auch recht ordentlich. Da es zum Wein machen allerdings nicht ausreicht, kochen wir gerne eine Marmelade daraus. Die Kombination mit Fenchel hebt den Geschmack noch einmal auf ein neues Level.

ZUTATEN

1,4 kg helle Trauben
1 TL Fenchelsaat
1 kg Gelierzucker 1:1 für Gelee

ABFÜLLMENGE

ca. 1,5 l

1. Entsaftet die losen Trauben mit der Fenchelsaat heiß.
2. Kocht einen Liter Saft mit dem Gelierzucker auf.
3. Lasst alles mindestens 4 Minuten sprudelnd kochen.
4. Macht die Gelierprobe und füllt das Gelee anschließend heiß in die abgekochten Gläser und verschließt sie.

TIPP VON DEN JUNGS:

Ihr könnt die Trauben auch kalt entsaften. Dann solltet ihr den Saft allerdings mit zerstoßener Fenchelsaat einige Stunden ziehen lassen, damit der Geschmack gut heraus kommt.

GANZ
FENCHEL
SAAT
50g
TRAUBEN-
GELEE
MIT
FENCHELSAAT
TRAUBEN-
GELEE
MIT
FENCHELSAAT

WECK
Rundrand-Glas 60

LIMETTEN-GELEE

MIT TONKABOHNE

Dieses Gelee ist auf jeden Fall etwas für diejenigen, die behaupten, dass Marmeladen immer zu süß sind. Natürlich bringt der Gelierzucker Süße ins Spiel, aber gegen mehr als 30 Limetten kommt er nicht an. Das Motto für unser Gelee: Sauer macht lustig!

ZUTATEN

33 Limetten
1 EL lange Limettenzesten
750 g Gelierzucker 1:1
1 Tonkabohne

ABFÜLLMENGE

ca. 1,2 l

1. Presst den Saft aus 30 Limetten, sodass ihr ca. 600 ml erhaltet.
2. Schält 3 Limetten, schneidet die Filets heraus und legt sie zur Seite.
3. Gebt den Saft mit dem Zucker in einen Topf und reibt die Tonkabohne hinein.
4. Lasst den Saft 2 Minuten sprudelnd köcheln, gebt die Zesten und Filets hinzu und lasst alles erneut für 2 Minuten kochen.
5. Macht die Gelierprobe und füllt das Gelee anschließend heiß in die abgekochten Gläser und verschließt sie.

TIPP VON DEN JUNGS:

Ob für Cupcakes oder Desserts – dieses Gelee eignet sich optimal dazu, um Cremes zu aromatisieren. Und im Glasdessert in einem Wirbel eingerührt, macht es auch optisch noch eine gute Figur …

ERDBEER-GELEE MIT STANGENPFEFFER

Da Saschas Bruder ein kleines Problem mit der Konsistenz von Obst hat, gab es bei den Eltern meistens Gelee. Das betraf auch die Erdbeere, sodass Sascha ebenfalls eine gewisse Vorliebe für Erdbeergelee entwickelt hat. Der Pfeffer gibt dem Gelee das gewisse Etwas und macht es zu etwas Besonderem.

TIPP VON DEN JUNGS:

Ihr könnt auch anderen Pfeffer verwenden; schmeckt dann aber den Saft vor dem Kochen ab. Jeder Pfeffer verteilt seinen Geschmack und seine Schärfe ein wenig anders.

ZUTATEN

750 g frische Erdbeeren
2 St. Stangenpfeffer
500 g Gelierzucker für Erdbeeren

ABFÜLLMENGE

ca. 1 l

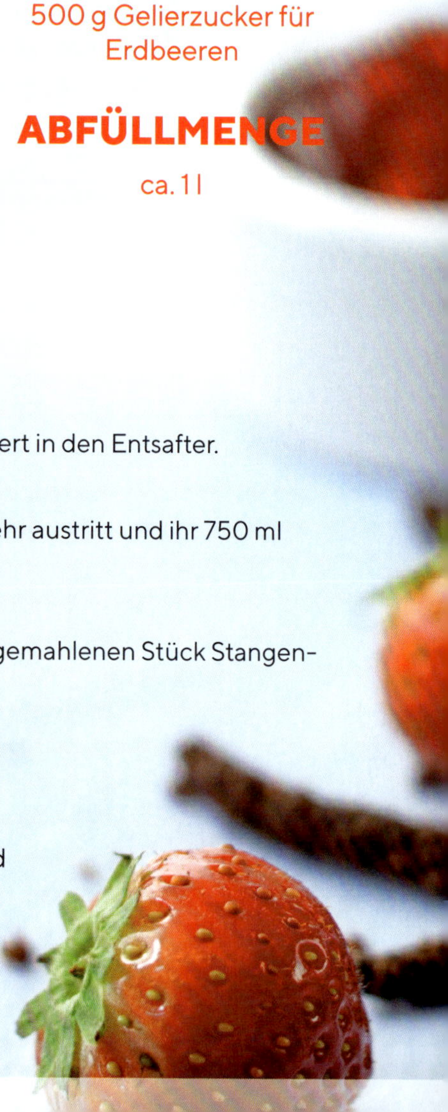

1. Gebt die Erdbeeren und ein Stück Stangenpfeffer halbiert in den Entsafter.
2. Erhitzt die Erdbeeren so lange, bis kein weiterer Saft mehr austritt und ihr 750 ml erhalten habt.
3. Bringt den Saft und den Gelierzucker mit dem zweiten gemahlenen Stück Stangenpfeffer zum Kochen.
4. Lasst alles für mindestens 4 Minuten sprudelnd kochen.
5. Macht die Gelierprobe und füllt das Gelee anschließend heiß in die abgekochten Gläser und verschließt sie.

GRANAT-APFELGELEE

MIT TASMANISCHEM BERGPFEFFER

Den leckeren orientalischen Granatapfel haben wir schon in dem ein oder anderen Rezept verarbeitet. Die Frucht passt super zu Salaten oder Healthy Bowls. Und da der Saft so unglaublich lecker ist, haben wir uns gedacht, dass ein Gelee, gepaart mit einem guten Bergpfeffer, sehr gut passen müsste.

ZUTATEN

3 Granatäpfel
5 Körner tasmanischer Bergpfeffer
1 kg Gelierzucker 1:1 für Gelee

ABFÜLLMENGE

ca. 1,2 l

1 Öffnet die Granatäpfel und gebt die Kerne in euren Kaltentsafter. Entsaftet die Früchte – dabei solltet ihr 750 ml Saft erhalten.

2 Füllt den Saft in einen Topf und gebt den Gelierzucker und den gemörserten Pfeffer hinzu.

3 Lasst alles mindestens 4 Minuten sprudelnd kochen.

4 Macht die Gelierprobe und füllt das Gelee anschließend heiß in die abgekochten Gläser und verschließt sie.

TIPP VON DEN JUNGS:

Um die Granatapfelkerne zu erhalten, halbiert ihr entweder die Frucht und trommelt mit einem Holzlöffel auf die Rückseite, damit sie heraus fallen – dabei gehen aber zumindest die durchschnittenen Kerne kaputt. Oder ihr schneidet die Frucht ein, wie ihr es bei einer Orange macht und klappt die Schale nach außen. Dabei kommt ihr ganz leicht an die Kerne in den Kammern.

Johannisbeer-
gelee
mit Thymian

JOHANNISBEER GELEE MIT THYMIAN

Wir lieben die Kombination von Johannisbeere und Thymian. Das Gelee schmeckt himmlisch auf einem frischen Croissant, ist aber genauso genial zum Verfeinern einer leckeren Sauce zu dunklem Fleisch.

ZUTATEN

1,8 kg Johannisbeeren
1 kg Gelierzucker 1:1 für Gelee
10 Thymianzweige

ABFÜLLMENGE

ca. 2 l

1 Wascht die Johannisbeeren und löst die Beeren von den Rispen.

2 Gebt die Johannisbeeren mit 5 Thymianzweigen in den Entsafter.

3 Ihr solltet nun ca. 1 l Johannisbeersaft erhalten.

4 Füllt den Saft mit dem Zucker in einen Topf und verrührt alles gut.

5 Lasst die Flüssigkeit mit den restlichen Thymianzweigen unter Rühren für mindestens 4 Minuten sprudelnd kochen.

6 Macht die Gelierprobe und füllt anschließend alles heiß in die abgekochten Gläser und verschließt sie.

TIPP VON DEN JUNGS

Habt ihr keinen Thymian zur Hand, schmeckt das Gelee auch mit Rosmarin sehr gut. Hierbei einen Zweig zum Entsaften und einen weiteren zum Aufkochen hinzugeben.

APFELGELEE MIT GIN

Apfelbäume erinnern uns beide immer sofort an unsere Kindheit. Deshalb lieben wir den Duft und Geschmack von Äpfeln. Torsten ist da eher der saure und Sascha mehr der süße Typ. Bei Gin ist unser Geschmack aber komplett identisch und so war für uns ganz klar, wie wir dieses wunderbare Gelee pimpen würden.

ZUTATEN

1,6 kg Äpfel
1 Zitrone (der Saft davon)
1 Zimtstange
5 Nelken
5 Kardamonkapseln
5 Pimentkörner
1 kg Gelierzucker 1:1 für Gelee
50 ml Gin

ABFÜLLMENGE

ca. 1 l

1. Entsaftet die Äpfel und seiht den Saft einmal durch ein sauberes Küchentuch ab.
2. Kocht den Saft mit den Gewürzen und dem Zitronensaft kurz auf und lasst ihn anschließend ohne Hitze ca. 30 Minuten bei geschlossenem Deckel ziehen.
3. Nehmt die Gewürze aus dem Saft, gebt den Gelierzucker hinzu und lasst die Flüssigkeit mindestens 4 Minuten sprudelnd kochen. Fügt kurz vor dem Abfüllen den Gin hinzu.
4. Macht die Gelierprobe und füllt euer Gelee dann heiß in die abgekochten Gläser und verschließt sie.

TIPP VON DEN JUNGS

Solltet ihr keinen Entsafter haben, könnt ihr auch 1 l hochwertigen Apfelsaft verwenden und mit Schritt 2 beginnen.

Apfel
Gelee
MIT GIN

CURD

Grapefruit Curd
Pfirsichcurd mit weißer Schokolade
Heidelbeercurd mit Vanillemark
Kiwi-Curd mit Matcha
Grapefruit Curd

KIWI CURD MIT MATCHA

Wir haben Matchatee immer mehr zu schätzen gelernt und gepaart mit Kiwi ergibt er nicht nur eine wunderbare Farbe, sondern beflügelt den Geschmack der süßen Frucht nochmals. Da kann auch Sascha als kleiner Kiwimuffel nicht widerstehen.

TIPP VON DEN JUNGS

Mit einer beheizbaren Küchenmaschine, wie der Kenwood Cooking Chef, spart ihr euch eine Menge Zeit. Lasst die Maschine bei 80 °C mit dem Flexirührelement auf Intervallstufe 0 rühren, bis die Masse eingedickt ist.

ZUTATEN

6 Kiwis (300 ml Kiwisaft)
3 TL Matchapulver
8 Eigelb
4 ganze Eier
100 g Gelierzucker 3:1
300 g Zucker
340 g Butter

ABFÜLLMENGE

ca. 1 l

1. Gebt fünf Kiwis in den Entsafter und erhitzt die Früchte, bis ihr mindestens 300 ml Saft zusammen habt. Püriert eine weitere Kiwi mit einem Stabmixer.
2. Kocht Saft, Püree, Matchapulver und den Zucker in einem Topf auf.
3. Verrührt die Eigelbe und die ganzen Eier, gebt etwas von der nicht mehr kochenden Flüssigkeit hinzu und rührt ein wenig weiter.
4. Nun fügt ihr die Eimasse zur restlichen Flüssigkeit unter Rühren hinzu und erwärmt alles bei geringer Hitzezufuhr unter ständigem Rühren.
5. Rührt solange weiter, bis die Masse eine dickliche Konsistenz angenommen hat (das kann bis zu 20 Minuten dauern).
6. Gebt die weiche Butter dazu und verrührt alles mit einem Schneebesen, bis sich die Butter komplett aufgelöst hat.
7. Lasst das Curd ein wenig abkühlen und füllt es dann warm in die abgekochten Gläser und verschließt diese gut.

Grapefruit Curd
Grapefruit Curd
Grapefruit Curd

GRAPEFRUIT CURD MIT KARDAMOM

Kardamom wird leider, genau wie Nelke oder Zimt, in den meisten Haushalten eher für die Weihnachtszeit zurückgehalten. Wir finden, das sollte sich dringend ändern, denn es gibt so viele Gerichte, die durch diese Gewürze optimal aufgepeppt werden können. Und die leicht bittere Note von Grapefruits passt perfekt zu Kardamom.

TIPP VON DEN JUNGS:

Wer die Temperatur bei der Herstellung von einem Curd etwas genauer unter Kontrolle haben möchte, erreicht das mit Hilfe eines Wasserbads von etwa 80 °C. Die Curdmasse wird in einer Metallschüssel darüber angerührt.

ZUTATEN

2 Grapefruits (400 ml Saft)
5 Kardamomkapseln
200 g Zucker
2 Eigelbe
5 Eier
350 g Butter

ABFÜLLMENGE

ca. 1 l

1 Entsaftet die Früchte und kocht den Saft mit den Kardamomkapseln und dem Zucker solage auf, bis sich der Zucker vollständig aufgelöst hat. Stellt den Topf zur Seite und lasst ihn für 1 Stunde ruhen.

2 Kocht den Saft erneut auf und entfernt den Kardamom. In einem zweiten Topf verrührt ihr die Eigelbe und die ganzen Eier. Gebt unter Rühren 5-6 EL des heißen Saftes zu den Eiern.

3 In einem dünnen Strahl fügt ihr unter ständigem Rühren den restlichen Saft zur Ei-Masse hinzu und erhitzt sie bei niedriger Temperatur so lange, bis sie dickflüssig wird (das kann bis zu 30 Minuten dauern).

4 Rührt die Butter in kleinen Stückchen unter die Masse, bis sie aufgelöst ist, füllt das Curd in abgekochte Gläser und verschließt diese gut.

PFIRSICHCURD

MIT WEISSER SCHOKOLADE

Der Pfirsich gehört zu Saschas absoluten Lieblingsfrüchten. Daher haben wir schon häufig damit gearbeitet. Für einen Sweet Table hatten wir irgendwann die Idee, dieses Curd als Füllung für Macarons herzustellen. Heute haben wir in der Sommerzeit immer ein Gläschen davon im Kühlschrank und verwenden es auf die unterschiedlichsten Arten.

TIPP VON DEN JUNGS

Das Häuten der Pfirsiche geht am einfachsten, wenn ihr einen Topf mit Wasser zum Kochen bringt und die Früchte darin für einige Minuten ruhen lasst. Danach könnt ihr die Haut recht einfach mit Hilfe eines kleinen Küchenmessers abziehen.

ZUTATEN

400 g Pfirsich
100 ml naturtrüber Apfelsaft
3 EL Zitronensaft
130 g Zucker
4 Eigelbe
3 ganze Eier
125 g weiße Schokolade
100 g Butter

ABFÜLLMENGE

ca. 1 l

1 Häutet und entsteint die Pfirsiche, schneidet sie in Würfel und gebt sie mit Apfel- und Zitronensaft sowie dem Zucker in einen Topf.

2 Kocht die Früchte unter Rühren auf, bis sie weich sind und püriert sie mit einem Stabmixer.

3 Verrührt in einem weiteren Topf die Eigelbe und ganzen Eier und gebt nun 5-6 EL des heißen Pürees unter Rühren zu der Ei-Masse, bevor ihr den Rest des Pürees langsam hinzufügt.

4 Bei niedriger Hitze rührt ihr so lange, bis die Masse dickflüssig wird (das kann bis zu 30 Minuten dauern).

5 Rührt zum Schluss die geraspelte Schokolade und die Butter in Stückchen unter, füllt das Curd in abgekochte Gläser und verschließt diese gut.

Pfirsichcurd
mit weißer
Schokolade

HEIDELBEER CURD MIT VANILLE

Torsten ist ein großer Heidelbeer-Fan und daher werden sie jedes Jahr in der Heidelbeersaison in unzähligen Varianten verarbeitet. Dieses Heidelbeercurd verbindet Säure und Süße perfekt und die Vanille gibt ihm den letzten Schliff. Das Curd kommt dann aufs Brot, in Cremes, zwischen Macarons, auf Pancakes oder, oder, oder ...

ZUTATEN

300 g Heidelbeeren
1 Vanilleschote
50 ml Zitronensaft
240 g Zucker
4 Eigelbe
3 Eier
150 g Butter

ABFÜLLMENGE

ca. 650 ml

1 Entsaftet die Heidelbeeren heiß, bis ihr 250 ml Saft erhaltet, kratzt die Vanilleschote aus und bringt das Mark, den Heidelbeer- und Zitronensaft mit dem Zucker zum kochen.

2 In einem zweiten Topf verrührt ihr die Eigelbe und die ganzen Eier und sobald der Zucker gelöst ist, gebt ihr 5-6 EL des heißen Safts unter Rühren zu den Eiern.

3 Nun fügt ihr in einem dünnen Strahl, unter ständigem Rühren den Saft zur Ei-Masse hinzu, die ihr dann bei niedriger Hitze und unter weiterem Rühren solange erhitzt, bis sie dickflüssig wird (das kann bis zu 30 Minuten dauern).

4 Zum Abschluss rührt ihr die Butter in kleinen Stückchen unter die Masse, bis sie sich komplett aufgelöst hat. Füllt das Curd in abgekochte Gläser und verschließt diese gut.

TIPP VON DEN JUNGS:

Curds könnt ihr wunderbar in Buttercremes einrühren, um diese zu aromatisieren.

SCHOKO CURD MIT KAKAO-NIBS

Wir sind kleine Schokoholiker und da stellten wir uns irgendwann die Frage, warum wir bisher nur Frucht Curds gemacht haben. Das muss doch auch mit Kakao gehen? Gesagt, getan! Da wir die Zutaten eigentlich immer im Haus haben, wurde an einem Sonntag spontan Schoko Curd gekocht und es ist einfach himmlisch und für jeden Schoko Fan ein Muss.

TIPP VON DEN JUNGS

Die Kakao Nibs geben dem Curd eine leicht herbe Note und ein wenig Biss. Solltet ihr diese nicht zur Hand haben, schmeckt unser Schoko Curd auch ohne sie ganz toll.

ZUTATEN

200 ml Wasser
200 g Zucker
1 Pck. Vanillezucker
5 gehäufte EL Kakao
4 Eigelbe
3 Eier
150 g Butter
1 Prise Salz
2 TL Kakao Nibs

ABFÜLLMENGE

ca. 1,1 l

1. Gebt Wasser, Zucker, Vanillezucker und Kakao in einen Topf und lasst alles leicht köcheln bis sich der Zucker aufgelöst hat.
2. Stellt den Topf zur Seite, und lasst ihn für ca. 15 Minuten leicht abkühlen, während ihr in einem zweiten Topf die Eigelbe und ganzen Eier vermengt.
3. Rührt 5–6 EL des warmen Kakaos zur Ei-Masse und fügt unter ständigem Rühren den restlichen Kakao hinzu.
4. Die Masse bei niedriger Hitze und unter ständigem Rühren so lange erhitzen, bis sie dickflüssig wird (das kann bis zu 30 Minuten dauern).
5. Zum Abschluss rührt ihr die Butter nun in kleinen Stückchen darunter bis sie sich komplett aufgelöst hat.
6. Hebt die Kakao Nibs kurz unter die Masse. Füllt das Curd sofort in abgekochte Gläser und verschließt diese gut.

SAISONKALENDER

	JANUAR	FEBRUAR	MÄRZ	APRIL	MAI	JUNI	JULI	AUGUST	SEPTEMBER	OKTOBER	NOVEMBER	DEZEMBER
ANANAS												
APFEL	■	■	■	■	■			■	■	■	■	■
APRIKOSE						■	■	■				
BANANE												
BIRNE								■	■	■	■	■
BLAUBEERE							■	■				
BROMBEERE							■	■	■			
ERDBEERE					■	■	■					
FEIGE												
GRANATAPFEL												
GRAPEFRUIT												
HIMBEERE						■	■	■	■			
HOLUNDERBEERE								■	■	■		
JOHANNISBEERE							■	■				
KIRSCHE							■	■				
KIWI												

	JANUAR	FEBRUAR	MÄRZ	APRIL	MAI	JUNI	JULI	AUGUST	SEPTEMBER	OKTOBER	NOVEMBER	DEZEMBER
KÜRBIS	▨	▨	▨	▨	▨	▨	▨	▨	■	■	■	▨
LIMETTEN	▨	▨	▨	▨	▨	▨	▨	▨	▨	▨	▨	▨
MANGO	▨	▨	▨	▨	▨	▨	▨	▨	▨	▨	▨	▨
MIRABELLE	▨	▨	▨	▨	▨	▨	▨	■	▨	▨	▨	▨
ORANGE	▨	▨	▨	▨	▨	▨	▨	▨	▨	▨	▨	▨
PFIRSICH	▨	▨	▨	▨	▨	▨	▨	▨	▨	▨	▨	▨
PFLAUME/ ZWETSCHGE	▨	▨	▨	▨	▨	▨	■	■	■	▨	▨	▨
QUITTE	▨	▨	▨	▨	▨	▨	▨	▨	▨	■	■	▨
RHABARBER	▨	▨	▨	■	■	■	▨	▨	▨	▨	▨	▨
STACHELBEERE	▨	▨	▨	▨	▨	■	■	▨	▨	▨	▨	▨
TOMATE	▨	▨	▨	▨	▨	▨	■	■	■	■	▨	▨
ZITRONE	▨	▨	▨	▨	▨	▨	▨	▨	▨	▨	▨	▨

■ Überwiegend/ ausschließlich heimischer Anbau inkl. Lagerware

▨ Überwiegend/ ausschließlich Import- oder TK-Ware

DANKE!

AN DIESER STELLE MÖCHTEN WIR ZUERST UNSEREN FAMILIEN DANKEN.

DANKE, dass ihr eine so große Stütze seid. DANKE, dass ihr euch durch Unmengen an Marmeladen durchprobiert habt. DANKE, dass ihr jedes Rezept mit uns teilt und eine unerschöpfliche Quelle der Inspiration seid.

DANKE AN OMA LORE.

DANKE, dass Du immer so begeistert bist von dem, was wir machen. DANKE, dass Du uns erträgst, wenn wir dich mal wieder über alte Rezepte ausfragen. DANKE, dass Du die beste Oma der Welt bist.

EIN RIESIGES DANKESCHÖN AN UNSERE FREUNDE.

DANKE, dass ihr immer so geduldig mit uns seid. DANKE für euren Zuspruch und alles, was ihr für uns tut. DANKE für euer Verständnis, dass wir in den letzten Monaten nicht viel Zeit für euch hatten.

UNSER GANZER DANK GILT JULIANE.

DANKE, dass Du uns dieses Buch ermöglicht hast. DANKE, dass Du von Anfang an so großes Vertrauen in uns hattest. DANKE für Deine Offenheit gegenüber unseren Ideen.

DANKE AN MICHAEL RUDER, LICHT-PUNKT.

DANKE, dass Du die Fotos zu etwas Besonderem gemacht hast. DANKE, dass Du uns ab der ersten Sekunde einbezogen hast. DANKE, dass Du unsere Vision wahr hast werden lassen. DANKE für die spaßige und spannende Zeit im Studio.

AN THERES & BENNI VON GERNEKOCHEN.

DANKE, dass ihr uns bei unseren gemeinsamen Projekten den Freiraum für dieses Buch geschaffen habt. DANKE, dass ihr immer mit Rat und Tat zur Seite steht. DANKE für eure Freundschaft.

WIR MÖCHTEN UNSEREN TOLLEN PARTNERN DANKEN.

DANKE an Christian und Pfeffersack & Söhne für die tollen Tipps und eure wundervollen Gewürze. DANKE an Simone und Villeroy & Boch für die Unterstützung mit unserem absoluten Lieblingsgeschirr. DANKE an die Bäckerei Mauel in Köln-Kalk für eure fantastischen Brötchen, Croissants & Co., mit denen unsere Rezepte einfach perfekt schmecken. DANKE an Weck und Lieblingsglas.de für die wunderbaren Gläser in denen unsere Kreationen nicht nur gut verpackt, sondern auch hübsch anzuschauen sind. DANKE an unsere Kenwood Cooking Chef für die vielen Stunden die Du uns vor allem bei den Curds erspart hast.

Buchempfehlungen für Sie

TOPP 8047
ISBN 978-3-7724-8047-8

TOPP 8039
ISBN 978-3-7724-8039-3

TOPP 8015
ISBN 978-3-7724-8015-7

TOPP 8029
ISBN 978-3-7724-8029-4

TOPP 8045
ISBN 978-3-7724-8045-4

TOPP 8051
ISBN 978-3-7724-8051-5

TOPP 8052
ISBN 978-3-7724-8052-2

TOPP 8048
ISBN 978-3-7724-8048-5

TOPP 8040
ISBN 978-3-7724-8040-9

TOPP 8042
ISBN 978-3-7724-8042-3

TOPP 8043
ISBN 978-3-7724-8043-0

TOPP 8046
ISBN 978-3-7724-8046-1

Sascha & Torsten Wett leben gemeinsam in ihrer Wahlheimat Köln. Torsten Wett ist in einem Unternehmen für Medizinprodukte als Vorstandsassistent tätig und Sascha Wett ist selbstständiger Blogger und Food-Fotograf. Gemeinsam sind sie Mitgründer einer Foodblog-Event-Reihe. Das Kochen und Backen ist für beide vor allem Familientradition und daher begeistern sie ihr Leser gerne mit Rezepten von ihren Müttern oder Großeltern. Der Blog **(www.diejungskochenundbacken.de)** ist als Nebenprodukt entstanden, um das Weitergeben der Rezepte an Freunde und Familie zu erleichtern. Mittlerweile ist daraus ein erfolgreicher Foodblog geworden, den das Paar seit 2012 betreibt. Sascha & Torsten Wett zeigen ihre Leidenschaft für das Kochen derzeit vermehrt im Fernsehen, auf Messen und Veranstaltungen. Neben dem Werkeln in der Küche, reisen beide sehr gerne und möchten möglichst viele Teile der Welt entdecken und sich von den Küchen der Welt inspirieren lassen.

DANKE!

Die Redaktion dankt den Firmen Weck und Lieblingsglas.de für die freundliche Bereitstellung der Gläser.

IMPRESSUM

REZEPTE: Sascha und Torsten Wett; Die Jungs kochen und backen
ETIKETTEN: Kristen Albers
FOTOS: frechverlag GmbH, 70499 Stuttgart; lichtpunkt, Michael Ruder, Stuttgart
FOODSTYLING: Sascha und Torsten Wett, Michael Ruder
PRODUKTMANAGEMENT UND LEKTORAT: Juliane Voorgang
GESTALTUNG UND SATZ: Eva Grimme
DRUCK UND BINDUNG: Neografia, Slowakei

2. Auflage 2018

ISBN: 978-3-7724-8050-8 Best.-Nr. 8050

Download-Code zum Freischalten der Etiketten: **17334**